ÉGALITÉ.   LIBERTÉ.

MÉMOIRE
APOLOGÉTIQUE

De la conduite civique des Citoyens de la Commune de Rouen, depuis 1789, lu en la Séance du Conseil Général de la Commune révolutionnaire de Rouen, le 23 Frimaire, troisieme année de la République Française, une & indivisible.

CITOYENS,

Nous échappons à peine à ces temps malheureux où quelques hommes, faisant un trafic exclusif du patriotisme, asservissoient la France au nom de la Liberté. De longues listes de proscriptions, ensanglantant les pages de toutes les feuilles périodiques, dénonçoient à l'Europe indignée le système assassin de nos Tyrans. La République alloit s'écrouler sous le faix des cadavres amoncélés par le crime. Les vertus, les talents, la fortune, tous ces produits du hasard ou d'une nature cultivée, étoient devenus des forfaits que l'échaffaud seul pouvoit expier; & le moderne *Sylla*, comme son infernale phalange, croyoit devoir cimenter sa puissance avec le sang du dernier des Français ! Mais ce monftre auroit - il montré tant d'audace, s'il n'eût eu d'autres partifans que ceux dont les noms font condamnés à fouiller les pages de notre hiftoire ? Non, Citoyens; chaque Département, chaque grande Commune, renfermoit un nombre plus ou moins confidérable d'affaffins fubalternes, qui, fans autre patriotifme qu'une ambition effrénée, fans autres talents qu'une audacieufe ignorance, s'occupoient depuis long-temps d'accaparer l'opinion publique, en l'égarant par leur hypocrifie. Réunis en troupe comme tous les brigands; mettant en commun leur fcélérateffe & jufqu'à leur nullité, ils en impofoient par leur maffe; & leurs vociférations, qu'ils appelloient la voix du peuple, étoient fidelement répétées par d'imbécilles échos qui propageoient leur exécrable doctrine, en étouffant la voix des hommes courageux & probes. Tels furent les inftruments dont fe fervit le Tyran pour comprimer l'énergie, le civifme, & jufqu'à la penfée. C'eft à l'aide de ces agents qu'il couvrit la France de baftilles, où les individus entaffés, ne reffembloient que trop à des victimes deftinées à tomber fous la hache du defpote.

Rouen, cette Commune réputée fage, ne peut plus fe vanter d'avoir été exempte des malheurs qui ont défolé la France. Long-temps on y vit régner l'ordre, la fageffe & les Loix ; mais pour fervir le Tyran, il ne falloit ni des Magiftrats, ni des Patriotes; il lui falloit des valets & des fatellites : il en trouva fans peine dans une grande Commune où l'opinion eft d'autant plus facile à égarer, que les intrigants s'y mafquent avec plus d'adreffe. Quelques hommes, la plupart inconnus dans les premieres années de la révolution, s'érigerent en calomniateurs de la cité, & dûrent à leur fallacieuſe impudence, l'honneur d'être cités comme des modeles de patriotiſme. On les vit occuper toutes les places, briguer toutes les miſſions, n'en remplir aucunes ; mais s'en faire un titre pour calomnier plus ſûrement leurs Concitoyens : on les vit circonvenir, & les Commiſſaires du Pouvoir exécutif, & les Députés de la Convention Nationale ; rien ne ſe fit plus que par eux : oſer les contredire, devint un crime.

Régulateurs deſpotiques de l'autorité ſouveraine, leurs caprices étoient des Loix ſous leſquels il falloit fléchir, à peine d'être taxé d'incivifme ; ils appelloient le fer & la flamme ſur ceux qui, mépriſant leur hypocriſie, ſe gardoient de partager leur délire : enfin, l'accroiſſement de puiſſance du dernier Tyran, leur permit d'étendre impunément leur ſceptre de fer, & de ſe livrer ſans crainte aux fureurs de leur haine. Sur leurs dénonciations, ou par leurs ordres, les Magiſtrats du peuple, ceux qui depuis 1789 ſervoient la révolution, furent arrachés de leurs foyers, & jettés dans les fers. Les baſtilles ſe multiplierent dans la Commune, & s'ouvrirent pour enſévelir les Citoyens des deux ſexes, ſans aucune diſtinction d'opinion ni de conduite.

Dans le même temps, les propriétés étoient violées : Rouen étoit aſſujettie à une contribution pareille à celles qu'impoſe un ennemi dans un pays qu'il s'aſſervit par les armes, & le mode de répartition & de paiement égaloit l'iniquité de l'impoſition même. Plus de juſtice, plus de Loix : malheur à celui qui, ſe reſpectant aſſez pour ne ſe point affilier aux meneurs, avoit beſoin d'un certificat de civiſme ; ſon ordre d'arreſtation ſuivoit de près sa demande. Un fourniffeur reclamoit-il ce qui lui étoit dû ? une maison d'Arrêt enféveliffoit bientôt sa reclamation indifcrette. Nos Concitoyens n'oublieront jamais , fans doute , & l'infolence des Agents de la faction , & ces orgies fcandaleufes dans lefquelles ils dreffoient les liftes de profcription, gorgés de débauches , tandis que le peuple étoit réduit à manger une demi-livre de pain d'avoine ; ils n'oublieront jamais qu'ils ont été attelés à des tombereaux comme des bêtes de fommes , pour voiturer des pierres deftinées à célébrer des farces ridicules qu'on nommoit Fêtes civiques , comme fi une Fête civique devoit être arrofée par les fueurs & les larmes des Citoyens ; ils n'oublieront jamais que , joignant la dérifion à l'outrage , les fatellites du *Catilina* moderne , organifoient à la fois leur fyftême de terreur , & de danfes & de jeux publics , comme s'ils euffent cru devoir , par leur infenfibilité , pouffer à l'infurrection un peuple naturellement bon , qui fe voyoit auffi cruellement outragé.

Enfin , nos Concitoyens n'oublieront pas cet atroce attentat contre la foi publique , fi infolemment qualifié de *Battue patriotique* ; dénomination fcandaleufe qui défigne affez les auteurs de cette infame journée , où les prétendus Magiftrats du peuple , abuferent du crédit de leur place pour multiplier leurs victimes , en mettant l'aftuce & la cruauté en place de l'exécution de la Loi.

Citoyens, les auteurs de ces maux font auffi les calomniateurs de notre Cité : il eft temps de la venger de leurs déblatérations menfongeres. Sous le regne du Tyran, lorfque le defpotifme opprimoit toutes les facultés, il eût été au moins inutile de faire entendre la vérité ; mais le moment eſt venu de venger une Commune patriote des calomnies par leſquelles on a tâché de la noircir. Proclamons ſa conduite, depuis 1789, devant la Convention, devant la France entiere, & que Rouen jouiſſe enfin de la réputation dûe à ſa ſageſſe & à ſon patriotiſme.

Avant de paſſer au recit des faits qu'il nous importe d'expoſer, occupons-nous de fixer quelques idées générales ſur la meilleure conduite qu'une Commune a pu tenir dans le temps où nous nous trouvons.

Dans toute révolution qu'on veut faire tourner au profit du peuple, chacun doit s'attacher invariablement à accomplir les devoirs auxquels il eſt appellé par ſa poſition : ainſi, la révolution Françaiſe ayant le peuple pour objet unique, c'eſt au corps des repréſentants à faire les mouvements révolutionnaires ; Paris doit les appuyer immédiatement ; les Départemeuts & les grandes Communes doivent les feconder de maniere à les rendre inébranlables : les devoirs de ceux-ci ſe ſont donc réduits, depuis 1789, à ſe tenir toujours dans un état de ſurveillance active, mais impoſante & calme. Agir autrement, c'étoit faire autant de révolutions partielles qu'il y a de diviſions de territoire ; c'étoit produire des déchirements funeſtes, & ſe plonger dans l'anarchie. L'exemple de ce qui s'eſt paſſé dans quelques Communes qui ont ſuivi d'autres principes, mis en oppoſition avec la tranquillité dont on a long-temps joui dans Rouen, prouve aſſez l'avantage des nôtres. On doit donc ſavoir quelque gré aux Adminiſtrateurs & aux Citoyens qui ſe ſont appliqués à maintenir la paix dans cette Commune & dans le Département, & à prévénir tous les efforts des malveillants par une ſurveillance ſans oſtentation, mais conſtante. Cette conduite eſt ſûrement la meilleure & la plus patriotique ; à la vérité , elle ne fournit pas une carriere auſſi vaſte à la jactance : en faiſant moins bien , on ſe vante davantage , parce qu'on fait aiſément croire qu'il y a plus de mérite à réparer le mal qu'à le prévenir ; mais cette fauſſe gloire dont ſe parent les mauvais Adminiſtrateurs , c'eſt toujours aux dépens du peuple qu'ils l'acquierent. Citoyens, méfiez-vous de ces gens à ſobriquet de vertus ; n'eſtimez que ceux qui recherchent le bonheur d'être obſcurément utiles.

Paſſons au recit des faits relatifs à la Révolution.

ÉTAT GÉNÉRAL DE LA COMMUNE DE ROUEN

EN JUILLET 1789, ET TEMPS POSTÉRIEURS.

Police , Force armée, &c.

Le traité de Commerce fait en 1787, entre la France & l'Angleterre, avoit porté le coup le plus funeſte aux diverſes Fabriques de la Commune de Rouen & de ſes environs. La France étoit encombrée par les produits de l'induſtrie Angloiſe ; les denrées de nos Fabriques n'avoient plus de débouché ; tous les ouvriers étoient à la fois ſans travail & ſans pain ; le rigoureux Hyver de 1788 à 1789 avoit laiſſé des traces cruelles de ſon intenſité : tel étoit l'état de la Commune de Rouen , lorſqu'au 14 Juillet , la chûte de la Baſtille ayant retenti dans toute la France , les Rouennais s'empreſſerent de concourir à fonder l'édifice de la Liberté.

Dès le 16, les Electeurs se réunissent en Corps Municipal, pour seconder le mouvement révolutionnaire ; ils députent vers l'Assemblée Nationale ; les Citoyens sont en armes ; les plus jeunes d'entr'eux en état de servir la Patrie d'une manière plus active, se réunissent, & reçoivent du Corps Municipal une constitution sous le nom de *Volontaires Patriotes de la Commune de Rouen* : bientôt ils se nomment un Chef ; ils s'emparent du Vieux-Palais, seul château fort qui existât dans Rouen ; ils en font leur place d'armes, & commencent un service actif qui avoit pour but la liberté, la tranquillité publique & la protection des grains destinés pour Paris, ainsi que pour Rouen & ses environs.

Cependant le Parlement étoit en possession de commander la force armée. On se rappelle que sur douze Compagnies de Milice Bourgeoise qui faisoient la force Nationale de la Cité, quatre étoient dites au Parlement, quatre à la Chambre des Comptes, une au Bureau des Finances, & trois seulement à la Municipalité. Les Cinquanteniers, les Arquebusiers, autre Milice Bourgeoise, recevoient également l'ordre du Parlement. Enfin un Conseiller au Parlement étoit de droit le Général de toute cette Milice. Une pareille bigarure ne pouvoit pas s'allier avec le mouvement révolutionnaire. C'étoit aux Administrateurs de la Commune à diriger les bras des Citoyens qui s'armoient pour la liberté : aussi dès le 17 Juillet, le Corps Municipal entra-t-il en pour-parler avec le Parlement, sur le fait du commandement des armes, & s'en mit en possession le 18. Le 19, le Parlement voulut reprendre son ancien privilege : le 20, le Corps Municipal & Electoral prit un Arrêté par lequel il défendit aux

Citoyens d'obtempérer aux ordres qui n'émaneroient pas de lui. Il ne s'en tint pas là ; il déclara au Commandant Militaire qu'il conserveroit le commandement de la Milice Citoyenne : il se fit délivrer des armes , des munitions , en répartit à plusieurs Communes rurales , & propagea le mouvement révolutionnaire , tant par son exemple que par son appui.

Le Parlement étoit également en possession de la Police générale : le Corps Municipal & Electoral s'en empare. Il emploie l'autorité nouvelle dont il est revêtu , à comprimer les ennemis de la révolution : il les réduit à fuir, ou du moins à garder le silence ; &, secondé par le patriotisme aussi sage que vigoureux de ses Concitoyens, il établit & maintient la tranquillité dans la Commune en même-temps qu'il porte les esprits vers le régime de la liberté.

Ne dissimulons pas cependant que cette précieuse tranquillité fut un instant sur le point d'être altérée. Rappellons-en les causes, ainsi que les moyens qu'on prit pour la rétablir : ce recit sera une nouvelle preuve de la sagesse & du véritable patriotisme des Rouennais.

Nous avons dit que la Milice Nationale de la Commune étoit composée de l'ancienne Garde Bourgeoise, des Volontaires Patriotes, des Compagnies des Cinquanteniers & des Arquebusiers ; ajoutons-y encore la Compagnie-Franche , dite du Vieux-Palais , parce qu'elle faisoit spécialement son service dans ce Château fort. Il étoit bien difficile que tant de Corps différents existassent dans la même Commune, sur-tout au moment où les circonstances exaltoient tous les esprits , sans qu'il s'élevât des dissensions entr'eux ; il y en eut effectivement : peu importantes

portantes dans leur origine , elles alloient prendre un caractere grave , parce que l'incivifme , habile à profiter de
tous les événements , fomentoit & souffloit le feu de la
discorde. On ne tarda pas à découvrir le piege dans lequel les malveillants vouloient prendre les Patriotes. Ceux-
ci penferent que pour l'éviter , il falloit détruire toutes
les différentes Corporations armées , & fe réunir dans
un feul Corps , fous le titre de Garde Nationale & Citoyenne. Le Corps des Volontaires , alors compofé de
plus de 1,200 hommes , en fit la propofition à la Municipalité. Pour faciliter la réunion , le Commandant
des Volontaires offrit fa démiffion , & propofa de
fervir comme foldat dans la nouvelle Garde. Les Of-
ficiers de la Milice Bourgeoife offrirent également leur
démiffion. Dans le même temps , de bons patriotes tra-
çoient un plan d'organifation pour une Garde Nationale.
Provoqué par tant de volontés , & fûr de l'affentiment
de tous les amis de leur pays , le Corps Municipal &
Electoral follicita de l'Affemblée Conftituante un Décret   Décret du 21
d'organifation , & la Garde Nationale & Citoyenne fut   Octobre 1789.
établie malgré les efforts des malveillants & la rage des
faux patriotes.

A dater de cette époque , la force armée de la Cité
prit un caractere plus impofant ; non-feulement la nouvelle Garde fit dans l'intérieur de la Commune le fervice
néceffaire pour y maintenir la tranquillité & la percep-
tion des Droits Nationaux , mais fur les différentes requi-
fitions qui lui furent faites , elle marcha par-tout où le
befoin public l'appelloit ; elle envoya de nombreux dé-
tachements dans les différentes Communes des Départements voifins où l'on faifoit des fédérations ; & perfonne

B

dans Rouen n'a sûrement oublié ce beau jour où 12,000 Citoyens armés vinrent dans nos murs jurer avec nous de vivre & mourir pour la liberté.

La marche de notre révolution eſt tellement rapide, tellement entrecoupée d'événements, qu'il en faudroit faire l'hiſtoire pour rendre compte de tous ceux auxquels la Commune de Rouen a pris part. Contentons-nous d'indiquer les principaux.

A la fin de 1790, le bruit s'étoit répandu que le ci-devant Roi devoit ſe retirer à 'Rouen. Le Corps Municipal & les chefs de la Garde Nationale déclarerent au Corps Légiſlatif qu'ils s'oppoſeroient à ce que Louis XVI trouvât un aſyle dans leur Ville, & que ſi jamais il tentoit de s'y retirer, ils le conduiroient eux-mêmes à Paris; & le Corps Municipal, au nom de ſes Concitoyens, reçut à cet égard une lettre de félicitation du Préſident de l'Aſſemblée Conſtituante.

Au mois de Juin 1791, Capet fauſſe ſes ſerments, & tente d'émigrer : en un inſtant le Département eſt en armes; les côtes ſont garnies d'hommes & de canons, au point que toute fuite & toute ſurpriſe deviennent impoſſibles. Par une ſuite de cette prévoyance, le ci-devant Duc de Penthievre reçoit une garde, & ſe voit contraint de quitter la ville d'Eu, pour rentrer dans l'intérieur. Les Corps Adminiſtratifs ſe prononcent ; ils expriment le vœu des Adminiſtrés, & n'héſitant point à ſe déclarer pour le Peuple, contre un Roi traître & parjure, ils renouvellent leur ſerment à la Repréſentation nationale, & s'attendent à recevoir une Conſtitution républicaine.

En Janvier 1793, quelques factieux, égarant des imbécilles, préparent une Adreſſe en faveur du Tyran détrôné : on la figne fur la Rouge-Mare ; l'Arbre de la Liberté eft renyerfé & livré aux flammes. A l'inftant la Municipalité fait battre la générale ; les bons Citoyens courent aux armes ; les factieux font arrêrés ; un nouvel Arbre s'élève triomphalement fur les cendres de l'ancien, & l'énergie civique fe prononce en raifon des efforts tentés pour la comprimer.

Nous n'honorerons pas davantage les malveillants en parlant de leurs tentatives. Si quelquefois les Adminif-trateurs fe font montrés feveres, ils ont du moins tou-jours été juftes, & les bons Citoyens ont conftamment marché fur leurs traces fous les drapeaux facrés de l'or-dre & de la liberté. Reportons-nous aux premieres an-nées de la révolution, & difons que le maintien de la tranquillité, le fervice conftant des Citoyens, & les juf-tes élans du plus pur patriotifme ne fuffifoient pas encore au bonheur de cette Cité. Deux caufes affectoient dou-loureufement les Adminiftrateurs, parce qu'elles pefoient principalement fur la claffe la moins fortunée ; l'une étoit le défaut de fubfiftances ; l'autre étoit le défaut de travail.

SUBSISTANCES.

On fe rappelle l'infuffifance de la récolte de 1788, & l'incurie ou la malveillance du Gouvernement d'alors. Les chofes en étoient au point que la famine faifoit redouter fes ravages, lorfque le bon génie des Français fit luire devant eux le flambeau de la liberté : mais le mal fait par un Gouvernement defpotique fubfiftoit, & le premier foin des Adminiftrateurs dût être de le réparer. La difette étoit générale : on ne devoit donc pas attendre beaucoup de fecours de l'intérieur. Cependant il falloit approvifionner Paris ; c'étoit le berceau de la révofution, & nul patriote ne pouvoit fe refufer à porter des fecours aux deftructeurs de la Baftille : auffi le premier ferment des Volontaires Rouennais fut-il d'efcorter & de protéger les grains qui remontoient du Havre à Paris. Les Rouennais étendirent leur furveillance depuis Caudebec jufqu'au Pont-de-l'Arche, & plufieurs fois même des bateaux & des voitures chargés de grains furent efcortés jufqu'à Paris. Les Havrais, les habitants de Caudebec & d'Yvetot, les Volontaires d'Elbeuf, concoururent avec nous dans cette œuvre civique. Leur zele eft au-deffus de tous les éloges.

Mais enfin, Rouen manquoit de fubfiftances ; prefque toutes le Communes adjacentes, dans un cercle de 10 lieues de rayon, en étoient également dépourvues ; & plus le peuple montroit de dévouement à la caufe révolutionnaire, plus il paroiffoit difpofé à fe facrifier lui - même pour fes Freres de Paris, plus auffi l'Adminiftration devoit faire d'efforts pour le fouftraire aux maux dont il étoit menacé. Le Corps Municipal & Electoral follicita donc, & obtint du Miniftre, dans le courant de 1789, un certain nombre de chargements de bled, faifant partie de ceux qu'il avoit fait acheter à l'Etranger ; mais les befoins de la Commune & ceux du territoire, excédant les fecours que le Miniftre pouvoit accorder, il fallut employer d'autres moyens. Deux Membres du Corps Municipal & Electoral, députés vers le premier Miniftre des Finances pour lui demander des fecours proportionnés à l'étendue des befoins qu'il falloit fatisfaire, en reçurent pour réponfe » qu'il ne pouvoit rien diftraire

» des approvifionnements qu'il avoit fait venir , & qu'il
» étoit impoffible au Gouvernement de faire fous fon nom
» aucuns nouveaux achats chez l'Etranger «.

Les deux Députés de la Municipalité crurent alors,
pour l'intérêt public , devoir propofer au Miniftre de
faire ces achats fous leur nom , parce qu'il leur donne-
roit fa parole de leur faire tenir compte , fur le Tréfor
public , du montant de leurs débourfés.

Cette propofition ayant été acceptée , il fut convenu
que la Municipalité chargeroit un de fes Membres de
commettre à l'Etranger l'achat de quatre-vingt mille fep-
bers de froment : des ordres furent fur le champ expé-
diés à Amfterdam , Embden , Hambourg , Londres &
Palerme. Les achats faits en conféquence , s'élèverent
à 3,829,105 livres 15 fols 9 deniers , & l'abondance ne
tarda pas à remplacer la difette : non - feulement la Commune fut approvifionnée , mais on put auffi fournir des
fecours à nombre de Communes du Département. Ainfi
l'efpoir des malveillants , qui s'étoient flattés d'arrêter la
marche de la révolution par le fléau de la famine , fut
déjoué par la follicitude prévoyante des Adminiftrateurs.
Le peuple eut abondamment du pain ; & libre d'inquié-
tude à cet égard , il put goûter les heureux fruits de la
révolution , jufqu'à ce que la récolte de 1790 vint calmer
les inquiétudes , & ramener naturellement l'abondance.

Mais fi le peuple put jouir tranquillement de la prévoyance de fes Adminiftrateurs , quelles inquiétudes fe-
crettes n'éprouvoient pas ceux-ci , lorfqu'il falloit fe livrer aux foins néceffaires pour faire arriver à propos
18,344,000 livres pefant de froment , expédiées dans
88 chargements différents , & maintenir affez d'ordre

dans la recette & dans la diſtribution , pour pouvoir rendre au Gouvernement le compte qui lui étoit dû ? Car nulle prévarication en comptabilité n'eſt une faute légere dans un pays libre. La négligence des Adminiſtrateurs retombe ſur le peuple : c'eſt lui que l'on vole lorſqu'on dilapide les deniers publics ; c'eſt encore lui que l'on vole lorſqu'on attente aux propriétés des individus. Ce prin-cipe fondamental de toute ſociété fut connu & reſpécté par ceux qui adminiſtroient alors la Commune de Rouen. Le compte immenſe & minutieux de l'achat & de la diſtribution des grains achetés pour plus de 3,800,000 l. fut rendu au Gouvernement ; & cette opération ne lui coûta que les ſimples débourſés de 212 liv. 3 ſ. 10 d.

Eſt-il une action plus patriotique que d'aſſurer la ſub-ſiſtance du peuple , en même-temps qu'on ménage la fortune publique ?

ATÉLIERS PUBLICS, &c.

Il ne ſuffit pas à de bons Adminiſtrateurs de repouſſer la famine & d'y ſubſtituer l'abondance ; il faut encore donner au peuple les moyens d'en jouir : il n'en eſt point d'autres que le travail. Nous avons dit que les ſources en étoient taries par le traité de Commerce. Les Ma-nufactures étoient déſertes , & les nombreux ouvriers qui y trouvoient des moyens de proſpérité , languiſſoient dans une oiſivité déſolante & funeſte : il falloit les en tirer ; il falloit encore ôter à la malveillance ce prétexte dont elle n'auroit pas manqué de ſe ſervir pour décrier la ré-volution. Dès 1788 , la Municipalité avoit donné un bel

& digne exemple, en faisant distribuer aux Fléoses du coton en laine, qu'on leur payoit au prix relatif à la finesse de leur filature, & que de bons Fabricants se chargeoient de faire tisser. On suivit cet errement aussi long-temps qu'il fût possible de le faire ; mais tous les magasins étant encombrés, on s'apperçut que tant qu'il n'y auroit pas de débouchés, ce genre d'ouvrage absorberoit des capitaux considérables qui, ne pouvant pas se reproduire, ne seroient d'aucune utilité pour l'usage respectable qu'on en vouloit faire. Cependant, avant d'abandonner ce moyen, on essaya de tous ceux qui pouvoient le soutenir : des souscriptions volontaires furent ouvertes ; les bons Citoyens s'empressèrent de s'y faire inscrire. On obtint de cette maniere des sommes considérables. Mais l'impossibilité de soutenir les atéliers de filature étoit reconnue ; il avoit fallu changer le genre de travail, & occuper les hommes au remuement des terres. Les Corps Administratifs s'empressèrent de seconder la Municipalité ; tous les bons Citoyens se signalerent par de nouveaux sacrifices : les uns donnerent des sommes plus où moins fortes ; les autres firent des prêts volontaires. Les vrais patriotes se rappellent sans doute avec émotion la bienveillante sollicitude qui les animoit alors ; ils se rappellent sans doute qu'il est encore dû des sommes considérables à deux Négociants, dont l'un, respectable par son âge & par ses vertus, a passé sa vie entiere à faire le bien ; & l'autre non moins estimable, après avoir, dans ces temps d'horreurs dont nous sommes à peine sortis, manqué de périr victime de la plus atroce calomnie, vient d'être mis dans un poste dont son patriotisme & son intégrité le rendent digne.

Tant d'efforts cependant étoient encore insuffisants. La dépense des travaux de secours s'élevoit annuellement à plus de 380,000 liv. : les bons Citoyens s'épuisoient en vain pour y satisfaire ; c'étoient toujours les mêmes noms qu'on revoyoit sur les listes de souscriptions , tandis que les ennemis de la révolution se tenoient dans une coupable indifférence. On résolut enfin de les atteindre ; à cet effet, la Municipalité prit , le 24 Janvier 1790 , un Arrêté portant que l'Assemblée Nationale seroit priée d'autoriser , par un Décret , la levée d'un impôt égal aux trois-quarts de la capitation , lequel seroit prélévé sur tous les habitants de Rouen qui payoient plus de 3 l. de capitation. Ce Décret fut rendu le 8 Février suivant, à la satisfaction de tous les Patriotes ; mais des malveillants se souleverent & s'efforcerent d'entraînent dans leur parti ces Citoyens honnêtes & paisibles. Ne nous étendons pas davantage sur ces événements ; & contentons-nous de dire que ce mouvement , qui paroissoit devoir être inquiétant , fut appaisé par la sagesse & la vigueur du Corps Municipal.

Tel est l'exposé rapide des moyens par lesquels on a , dans les années 1788 , 1789 , 1790 & 1791 , fourni journellement du travail à 4,500 ouvriers des deux sexes. Calomniateurs d'une grande cité , ignoriez-vous ces faits lorsque vous nous accusiez d'indifférence & d'égoïsme ? Croyiez-vous que nulle considération de bien public ne put émouvoir ceux qui fournissoient tous les jours du travail à 4,500 de leurs Freres ? Et ignoriez vous que l'acte du plus pur patriotisme est d'attacher le peuple à la Révolution , en lui procurant tous les avantages qu'il doit raisonnablement espérer ?

Terminons

Terminons cet article par le tableau des Travaux exécutés par les Atéliers de fecours, ainfi que par l'expofé des fommes fournies par les habitants de Rouen, pour fubvenir à leurs Concitoyens.

Les Atéliers de fecours ont fait le déblai des anciens murs de la Commune ; les travaux de la route du Mont-aux-Malades ; le remblai des rues du Quartier – Neuf ; ceux des accôtements du Boulevard du Mont-Riboudet jufqu'au chemin de Bapaume & du pavé de Déville ; le remblai du Champ-de-Mars & des accôtements du Cours de la Liberté ; enfin, le remblai de l'ancien Cours.

Les fommes fournies par les habitants de Rouen, depuis le commencement de la révolution, pour les atéliers de fecours & les néceffiteux, s'élevent ainfi qu'il fuit :

	l.	f.	d.
Depuis le 11 Janvier 1789 jufqu'au 11 Décembre fuivant, felon le tableau imprimé, préfenté à la Municipalité en 1790, ...	218,727	9	11
Depuis le 5 Août 1791, jufqu'au 23 Germinal de l'an 2ᵉ., . .	746,439	13	6
	965,167	3	5
Prêts faits à la Municipalité en 1790, pour le foulagement des néceffiteux, ...	221,858	7	9
TOTAL	1,187,025	11	2

BUREAUX DE BIENFAISANCE.

Jufqu'à préfent nous avons parlé des efforts faits pour

C

fouftraire au malheur la claffe refpectable de nos Concitoyens indigents , dans un temps où la fufpenfion de
leurs reffources habituelles les expofoit aux plus dures
privations. Parlons maintenant d'un établiffement durable , dont la bafe eft l'humanité guidée par la raifon ,
& dont les bons effets fe font fentir à tous les inftants :
ce font les Bureaux de Bienfaifance.

La Mendicité eft un fléau défaftreux ; c'eft une vérité
reconnue : mais il l'eft également que les indigents font
les créanciers de l'Etat , & qu'il eft également imbécille
& barbare de repouffer l'homme qui mendie , lorfqu'on
ne s'occupe pas d'ailleurs de foulager fes befoins. Voilà
ce qui fut fenti dans Rouen , & ce qui détermina l'établiffement des Bureaux de Bienfaifance.

La Commune étoit alors divifée en Paroiffes. Chacune
d'elles avoit un Bureau particulier d'Adminiftration , qui
correfpondoit avec un Bureau central , compofé d'Offi-
ciers Municipaux & de Délégués des Bureaux particuliers. Toutes les Délibérations fe prenoient dans les Af-
femblées du Bureau central ; les charges & les forces y
étoient balancées ; les comptes y étoient arrêtés ; & d'a-
près les rôles de diftribution dont on convenoit , les Adminiftrateurs des Bureaux particuliers fe partageoient toutes les rues de leurs Paroiffes refpectives , & diftribuoient
tous les fecours néceffaires aux indigents. Tel eft le bel
établiffement qui honorera à jamais la Commune de
Rouen , car l'humanité l'approuve. On fe fouviendra que
c'eft pendant la révolution qu'il a été fait & maintenu ;
& la douce fatisfaction d'y avoir contribué , doit venger
chacun de nos Concitoyens des coupables efforts de leurs
calomniateurs.

CAISSE PATRIOTIQUE.

Dans les premieres années de la révolution, la difparution totale du numéraire avoit répandu une alarme générale, & les malveillants crurent y trouver l'efpoir d'arrêter l'établiffement de la liberté. L'Affemblée Conftituante déjoua leurs efforts, en décrétant l'émiffion d'un papier-monnoie, qui, fondé fur la confiance, foutenu par le patriotifme, & hypothéqué fur les bafes les plus certaines, remplaceroit l'argent qui étoit, ou enfoui, ou exporté. Mais des confidérations politiques ayant déterminé l'Affemblée Conftituante à n'émettre d'abord que des affignats d'une groffe valeur, il en réfultoit que les paiements confidérables fe faifoient avec facilité, tandis que les tranfactions journalieres étoient entravées, parce qu'il n'exiftoit plus de menue monnoie, & qu'on n'avoit rien mis pour fuppléer fon déficit. Le patriotifme des individus fe fit voir alors dans toute fon énergie, en faifant ce que des confidérations majeures interdifoient au Corps Légiflatif. On établit de tous côtés des Caiffes Patriotiques qui, mettant en circulation une quantité plus ou moins confidérable de Bons de différentes valeurs, facilitoient tous les moyens d'échange. Obfervons en paffant que ce fut peut-être une grande fageffe à l'Affemblée Conftituante de laiffer ainfi au patriotifme individuel, la libre difpofition de fes moyens privés. Chaque Caiffe Patriotique devenoit perfonnellement garante de la bonté du papier national; il acquéroit une hypotheque plus certaine, parce qu'elle étoit volontaire; &

nous pourrions démontrer, s'il nous convenoit d'étendre cette difcuffion, que les Caiffes Patriotiques ont plus que toute autre chofe, contribué à fonder inébranlablement le crédit des affignats.

Sous ce rapport, la Caiffe Patriotique de Rouen fut d'autant plus recommandable, que fon établiffement ne fut point le réfultat de la fpéculation intéreffée de quelques individus, mais une affociation de tous les Citoyens aifés de la Commune, qui s'empreffèrent d'y prendre des actions. La fortune de tous les Actionnaires garantiffant leur folidité, les Bons de Rouen acquirent une confiance qui s'étendit fur les affignats dont ils étoient l'échange, & le Peuple y trouva non - feulement des moyens de facilité pour fes tranfactions journalieres, mais encore l'avantage de fe familiarifer avec le papier national.

Au furplus, nulle idée de lucre ne vint fouiller un établiffement digne à tous égards de fa dénomination ; on calcula bien qu'une émiffion de plufieurs millions produiroit vraifemblablement un bénéfice, fi la Caiffe étoit fagement adminiftrée ; ce bénéfice fut deftiné pour l'entretien des Bureaux de Bienfaifance. L'effet a répondu aux efpérances ; &, fous tous les rapports, le but des Actionnaires de la Caiffe Patriotique a été parfaitement rempli. Le compte rendu par les Régiffeurs, le premier Ventôfe de l'an deux, montre que la maffe des Bons émis s'éleve à 8,562,496 liv., qui ont produit un bénéfice de 283,174 liv. 8 f. 5 d., defquels il faut déduire les pertes qu'on pourra éprouver fur 42,535 liv. 8 f. valeur de différents effets proteftés. Ce réfultat ne peut varier que du plus au moins ; mais il exiftera toujours un bé-

néfice confidérable confacré au foulagement des néceffiteux.

LEVÉE DES VOLONTAIRES.

Equipement , Armement , &c.

En 1791 & 1792, la coalition des Tyrans armés contre
la liberté, fit voler fur les frontieres un grand nombre
de Français, empreffés de repouffer des étrangers qui
prétendoient nous dicter des Loix. A la voix de la Patrie, dix Bataillons équipés & armés partirent du Département de la Seine Inférieure ; toutes les Brigades de
Gendarmerie fe porterent fur les bords du Rhin, & furent, en moins de fix femaines, remplacées en hommes
& en chevaux, de maniere à fournir bientôt après un
fecond détachement pour aller renforcer l'armée defti-
née à combattre les rebelles ; & dans le même temps
dix mille Matelots. levés dans le Déparrément, s'élan-
çoient fur les mers, pour y foutenir l'honneur du Pa-
villon tricolore.

En 1793, les Tyrans ayant redoublé leurs efforts, le
Corps Légiflatif augmenta les moyens de réfiftance, en
appellant les jeunes gens de premiere requifition au glo-
rieux emploi de défendre leur Patrie ; mais avant le dé-
part de ces jeunes guerriers, la Commune de Rouen avoit
envoyé dans la Vendée deux Bataillons & une Compagnie de Canonniers équipés & armés ; un Efcadron de
Cavalerie, levé tant dans la Commune que dans le Département, étoit parti le même jour pour la même def-
tination.

La part de la Commune de Rouen, dans ces glo-
rieufes levées, eſt de 9,000 hommes de toutes les armes, équipés en partie à leurs frais ou aux frais de
leurs Concitoyens; à quoi il faut ajouter 980 hommes
qu'elle a fourni pour la Marine, ce qui fait un contingent de
10,000 hommes fournis par la Commune de Rouen; c'eſt le
huitieme environ de ſa population. Eſt-il beaucoup de Communes qui aient fourni dans cette proportion des défenſeurs à la Patrie?

Mais fixons un moment notre attention ſur les deux
Bataillons envoyés dans la Vendée, ſous le nom des deux
Bataillons de la Montagne.

L'Arrêté des Repréſentants du Peuple, en date du 15
Brumaire (deuxieme année républicaine), mettoit en
requiſition les Citoyens de toutes les Communes du Département en état d'entrer en campagne, & tous les
Citoyens de la Commune de Rouen armés & équipés.

Les Communes du Département ne fournirent aucun
contingent, & celle de Rouen, en trois jours, leva,
arma & équipa 1,700 hommes pris dans ſon ſein,
y compris une Compagnie de Canonniers. Vous qui,
dans toutes les circonſtances, avez calomnié le civiſme
de vos Concitoyens, allez demander aux Généraux ſous
leſquels ces braves défenſeurs ont ſervi, combien par
leur bonne tenue, leur ſoumiſſion à la diſcipline, leur
courage & leur dévouement à la cauſe de la liberté, ils
ont ſu mériter l'eſtime & la confiance des Généraux qui
ont commandé dans ces malheureuſes contrées. Certes,
on eſt patriote quand on montre un attachement auſſi
conſtant à ſes devoirs; & ce bon eſprit qui les a diſtin-
gués, ils l'avoient pris au ſein de leurs Concitoyens, que

vous accufiez de ne pas aimer la révolution ; ils l'avoient pris au milieu de cette Garde Nationale & Républicaine, conftamment attachée à la révolution , commandée par des Chefs actifs & patriotes , qui fecondent avec tant de fuccès les Magiftrats , pour le maintien du bon ordre, l'affermiffement de la liberté & l'exécution des Loix. Tels ont toujours été les Citoyens que vous avez calomniés.

FABRICATION DU SALPÊTRE.

Lorfqu'un Peuple combat pour fa liberté , la même terre qui produit des foldats produit auffi les armes dont ils renverfent leurs ennemis. Ceux de nos freres qui n'ont point volé fur les frontieres, ont travaillé à forger la foudre qui détruit les Tyrans. Le Salpêtre s'eft fabriqué dans les atéliers révolutionnaires du Département & dans les atéliers commiffionnés.

A l'époque du 14 Frimaire , troifieme
année , les premiers en ont fourni . . . 176,471 l.
Les feconds , ... 165,456

TOTAL . . . . 341,927 l.

DOMAINES NATIONAUX.

Ici l'attachement de notre Commune pour la révolution , eft encore marqué par des preuves non équivoques.

Lorfque le vœu d'un grand Peuple s'eft énergique-
ment prononcé pour un changement auffi néceffaire
qu'inévitable, ce n'eft point d'une manière oftenfible que
fes ennemis s'efforcent de l'arrêter ; ils favent trop que
leurs tentatives ne tourneroient qu'à leur honte, & les
meneroient rapidement à leur perte : ils prennent des
voies plus obliques ; ils fement la méfiance ; ils provoquent le découragement ; ils alarment les timides & les
foibles par de fauffes conjectures. Telle eft la conduite
que depuis 1789 nous avons vu tenir aux ennemis ar-
dents de la révolution. Diverfes tentatives ayant été in-
fructueufes, ils ont penfé que peut-être ils réuffiroient
mieux en ébranlant le crédit public, dont la bafe natu-
relle eft l'Impôt, & qui venoit d'en acquérir une nouvelle par l'augmentation des Domaines Nationaux. Que
n'effayerent-ils pas dès l'origine, pour entraver le Décret
qui mettoit en vente les biens dont la Nation venoit de
rentrer en poffeffion !

Pour déjoier leurs efforts, le Corps Légiflatif appella
tous les bons Citoyens à fon aide, & fpécialement les
Municipalités ; il donna à celles ci l'autorifation de fouf-
crire pour l'achat des Biens Nationaux, & leur promit
même un avantage dans la revente. C'eft le 14 Mai
1790, que le mode d'aliénation fut décrété ; mais le patriotifme de la Municipalité de Rouen, ne lui avoit pas
permis d'attendre le Décret définitif pour fe difpofer à
feconder une mefure dont elle prévoyoit les heureux effets pour la révolution ; dès le 10 Avril, un mois avant
le Décret, elle avoit délibéré d'offrir à l'Affemblée Nationale fa foumiffion d'acquérir pour 40 millions de Domaines Nationaux. La foumiffion de la Commune de
Rouen

Rouen eſt la premiere qui ait été faite.

Afin de joindre les effets aux promeſſes, la Municipalité ne négligea ni peines, ni ſoins, ni dépenſes pour
ſe procurer la note des Domaines Nationaux, ſur leſquels elle pouvoit faire repoſer ſes ſoumiſſions. Ses recherches furent portées dans les Départemens de la Seine
Inférieure, de l'Eure, du Calvados & de l'Orne, auxquels la Municipalité donna l'exemple, & dont elle ex-
cita l'émulation. Des Prépoſés furent envoyés dans les
Diſtricts de ces divers Départemens, pour faire faire,
ſous leurs yeux, & avec célérité, les eſtimations & éva-
luations des Domaines compris dans les états nombreux
envoyés au Comité d'aliénation de l'Aſſemblée Nationale. Enfin, les ſoins furent tels, que quoique les opéra-
tions de la Municipalité duſſent, pour être agréées par
l'Aſſemblée Nationale, être complettées avant le 31 Décembre 1790, & qu'on eût éprouvé dans les recherches
des difficultés ſouvent inſurmontables, cependant les Etats
envoyés par la Municipalité au Comité d'aliénation, &
remis long-temps avant le 31 Décembre 1790, s'éle-
voient à trente-trois millions, ſuivant les eſtimations;
& ces trente-trois millions ont produit à la revente plus
de ſoixante-ſix millions.

BIBLIOTHEQUES, TABLEAUX, &c.

Un Peuple qui chérit la Liberté, favoriſe le progrès
des lumieres ſans leſquelles l'homme n'eſt que le mépri-
ſable jouet de l'illuſion & de l'erreur. On n'a donc point
dans la Commune de Rouen, ni dans le Département de la

D

Seine Inférieure, laiffé dilapider l'immenfe quantité de richeffes littéraires que la fuppreffion des Maifons religieufes mettoit fous les mains de la Nation. Dès l'année 1790, on s'eft empreffé de les recueillir, & 200,000 volumes, mis en ordre par le favant Bibliographe auquel l'Adminiftration a confié cet important travail, atteftent la follicitude des Adminiftrateurs pour la propagation des lumieres. Près de 600 tableaux des meilleurs Maîtres, recueillis également dès 1790, accroiffent encore la richeffe nationale.

Enfin, le Jardin botannique a été entretenu, en 1790 & 1791, aux dépens de la Municipalité, malgré la diminution de fes revenus, & l'augmentation de fes dépenfes.

IMPOSITIONS DIRECTES OU INDIRECTES.

Contribution patriotique. Emprunt forcé. Taxe de guerre, &c.

Le Département le plus ami de l'ordre & des loix, celui où la révolution s'étoit faite le plus fagement, & par conféquent de la maniere la plus complette, ne pouvoit pas être en retard fur l'objet des contributions. Auffi, malgré l'énormité des taxes qui pefent fur le Département en général, & fur la Commune de Rouen en particulier, il eft de fait que le Département a toujours été infcrit dans les comptes rendus au Corps Légiflatif, au nombre des premiers dont les impofitions directes étoient en recouvrement.

Les impofitions indirectes n'ont point été perçues avec

moins d'exactitude, jufqu'à ce que leur extinction ait été prononcée par le Corps Légiflatif ; & les impôts en remplacement des droits fupprimés, ont de même été ftrictement payés, ainfi que les Patentes.

La Contribution patriotique n'a pas moins excité la follicitude des Adminiftrateurs. Quelques Citoyens égarés par les fuggeftions de l'intérêt perfonnel, avoient fait des déclarations inférieures à celles qu'ils devoient légitimement faire. La Municipalité s'empreffa de rectifier cette erreur de l'intérêt, en faifant un rôle de vérification ; & cet exemple de foumiffion aux Loix, donné tant par la Commune de Rouen, que par le Département, eft peut-être le feul qu'on puiffe citer en France.

Les Citoyens de Rouen ont montré pour les déclarations & le paiement de l'emprunt forcé, le même zele qui les a guidés toutes les fois qu'on leur a parlé au nom de la Patrie.

APPERÇU DES CHARGES

Des Habitants de Rouen, depuis 1789.

La nature fit l'homme libre ; & lorfque des inftitutions corrompues lui ont fait perdre fa liberté, nul facrifice ne doit lui fembler pénible, afin de fe réintégrer dans les droits que lui donna la nature. Forts de ces principes, ce ne fera point pour nous plaindre que nous rappellerons les contributions de nos Concitoyens. Loin de nous cette odieufe penfée ! Sacrifions à la liberté notre fortune &

D 2

notre vie ; mais pénétrés du même sentiment, nous ne ferons ni assez foibles, ni assez lâches, pour mettre au rang des contributions patriotiques, un emprunt inutile qui, décoré de telle qualification qu'on voudra, n'est qu'une spoliation de la fortune individuelle, & conséquemment un attentat à la fortune publique.

Vous comprenez que je veux parler de l'emprunt des dix millions, emprunt tellement odieux & destructeur, qu'il n'est point d'exemple d'une semblable contribution dans toute la République : il a enlevé aux uns toute leur fortune, & les a plongés dans le désespoir & la misere ; il a forcé les autres à vendre leurs propriétés mobiliaires ou foncieres, ou de les grever d'hypotheques ruineuses. Il a spolié l'homme riche de son aisance ; le commerçant du fruit de ses travaux, & des ressources de son industrie ; l'homme aisé des moyens de pouvoir subsister : cet emprunt enfin, levé sous prétexte d'acheter des subsistances, & qui, loin d'avoir été employé à cette destination, existe encore en nature dans les caisses publiques, est un grand exemple de la patience, de la résignation & de l'inébranlable patriotisme de cette Commune. Mais le système d'alors étoit de tout détruire, de faire la guerre au commerce, d'anéantir les arts & l'industrie, & de porter par-tout la désolation & la misere, & rien n'étoit plus propre pour y réussir, que de retirer tout-à-coup dix millions de la circulation dans une Commune commerçante. Heureux encore si, en donnant sa bourse, on pouvoit se racheter des prisons & se sauver de l'échaffaud ! Nous reviendrons dans un moment sur cet emprunt.

Examinons le montant des contributions volontaires & forcées.

		₶	ſ	₰
Contribution patriotique, ...	2,310,368	3	1
Contributions foncière & mobiliaire, charges locales, & autres impôts depuis 1789, c'eſt-à-dire, pendant cinq ans, évalués à 1,700,000 l. par an, prix commun (1), . .	8,500,000		
Emprunt forcé, ...	3,225,769	17	11
Taxe de guerre, ...	322,576	19	9

Souſcriptions pour le   ₶ ſ ₰
ſecours des indigents, 965,167 3 5 }
Prêts gratuits, *idem.* 221,858 7 9 }   1,187,025 11 2

Impôt des trois quarts de la capitation, établi par Décret du 8 Février 1790,	148,185	15	6
Dons faits à la Société Populaire, & verſés aux mains du citoyen *Dodard*,	22,525		
Autres dons faits dans ladite Société, pour la conſtruction d'une Frégate, (époque du 21 Frimaire) . . .	106,919	11	6
Nota. Pluſieurs autres dons faits à ladite Société, dont l'état n'a pas été fourni, & qui ſont tirés, quant à préſent, pour mémoire, . . .	Mémoire.		
Armement & équipement des Volontaires ; fournitures en bas, chemiſes, ſouliers ; autres fournitures & menus objets d'équipement ; ſouſcriptions pour haute paie, au moins	600,000		
Emprunt pour achat de ſubſiſtances, établi par Décret du 13 Oct. 1792,	1,000,000		
Autre emprunt pour achat de ſubſiſtances, ordonné par Arrêté des Repréſentants du Peuple, du 24 Brumaire, 2ᵉ. année Républicaine, .	10,000,000		
TOTAL, ...	27,423,370	19	0

(1) Ce n'eſt pas un mérite, ſans doute, de payer des impôts communs à tous les Citoyens de la République ; mais c'en eſt un de les payer exactement des premiers, & de n'avoir point d'arriéré, & c'eſt ce que la Commune de Rouen a fait.

Les Contributions de la Commune de Rouen , depuis
1789 , s'élevent donc à 27,423,370 l. 19 f. ; & fi l'on
calcule que cette Commune eft , par l'événement , fingulie-
rement appauvrie en richeffe réelle , & dans le nombre
de fes Contribuables , tant à raifon de la deftruction
des compagnies de Judicature , dont les Membres payoient
leur capitation dans Rouen , que par l'anéantiffement
prefque total de fon commerce , on concluera qu'il a
fallu à fes habitants d'autres qualités que celles d'égoïftes
qu'on leur a tant reproché , pour fupporter la charge
immenfe dont ils contribuoient à l'établiffement durable
de la Liberté.

Mais nous le dirons avec franchife ; au nombre des
emprunts que nos Concitoyens ont fupporté avec joie ,
nous n'y comprenons point celui des dix millions. Nous
ne voyons dans cet emprunt qu'une Contribution de
conquête , injufte dans fon principe , défaftreufe dans
fes conféquences , & nulle quant à fon objet. Le Corps
Légiflatif qui fonde le bonheur public fur les débris des
vexateurs & des frippons ; le Corps Légiflatif qui s'occupe de cicatrifer les plaies faites à la Patrie dans la
courte durée d'un régime odieux ; le Corps Légiflatif
enfin , qui veut la profpérité publique , a déjà reçu &
accueilli les plaintes qui lui ont été portées fur le même objet,
par des Départements & des Communes , victimes , comme
la nôtre , de l'avide fcélérateffe de quelques foldats de
Robefpierre : il écoutera de même les reclamations que
votre follicitude vous oblige de lui adreffer , & dont
vous vous êtes déjà occupés dans trois de vos précé-
d ntes féances : ofons efpérer qu'elles feront accueillies ,
& que nous verrons détruire jufqu'à la moindre trace
de cette calamité publique !

Au recit que nous venons de faire , nous ajouterons incidemment que ces Contributions font indépendantes de l'équipement & de l'armement de 10,000 Citoyens levés dans la Commune de Rouen pour la défenfe de la Patrie , & des autres Contributions fupplémentaires auxquelles ces levées ont donné lieu. Nous ne ferons qu'indiquer auffi la vente des Domaines Nationaux qui s'éleve à plus de 2,000,000 l. dans notre Diftrict , & dont la majeure partie a été acquife par des habitants de notre Commune.

Tel eft l'expofé rapide de la conduite tenue par la Commune de Rouen, depuis le 14 Juillet 1789, jufqu'à l'époque où le regne d'un nouveau Tyran couvrit la France de fang & de carnage , & ne permit qu'à fes bourreaux de refpirer librement.

Nous avons préfenté les faits en maffe , parce qu'il fuffit de les réunir , pour les rappeller à nos Concitoyens comme une obligation de continuer à faire preuve de fageffe & de patriotifme , & que la Convention & la France entiere nous rendent la juftice qui nous eft due. En effet, quels font les reproches qu'on a tant répétés contre cette Commune ? Des inepties ou des imputations vagues. On s'eft exclamé fans ceffe : Rouen eft une Ville ariftocrate ; fes habitants font des égoiftes ; les Ariftocrates viennent y chercher leur retraite ; les Prêtres y apprennent l'exercice ; Rouen eft une Vendée & un foyer de contre-révolution , & mille autres femblables abfurdités qui n'ont long-temps mérité que le mépris , & qu'on ne releve aujourd'hui que parce que leurs auteurs ont quelque temps fait parler d'eux.

Hommes inconfidérés & méchants , vous traitiez vos

Concitoyens d'égoïstes, & vous saviez qu'à l'exception
de vous, tous ont fait les plus grands sacrifices pour
la cause sacrée du peuple. Vous les traitiez d'aristocra-
tes, & vous saviez que Rouen est la premiere Commune,
après Paris, qui se soit fortement prononcée pour la Liberté ; vous saviez que, toujours fidele à la Révolution ainsi
qu'aux Loix, Rouen est peut-être la seule grande Commune de la République qui n'ait jamais donné d'inquié-
tude fondée au Corps Législatif.

Je ne veux pas ici faire des comparaisons qui seroient
peut-être contraires à l'esprit de paix & de fraternité qui
doit unir entr'elles toutes les Communes de la République ; mais qu'un chacun compare & juge si Rouen a
jamais fait des mouvements, ou conçu des projets pré-
judiciables au salut de l'état. Cependant, elle a toujours été déchirée par vos calomnies ; vous l'avez
calomniée devant la Convention, auprès des Comités,
devant les Jacobins de Paris, où vous aviez des émis-
saires & des correspondants. Tout le mal que vous en
avez dit a été proclamé dans toute la République, par
des journalistes, fideles échos de vos mensonges. Et peut-
on ne pas frémir d'indignation, quand on se rappelle
que par vos abominables manœuvres & suggestions, il
fut un temps où l'on n'osoit prononcer le nom de la
Commune de Rouen devant la Représentation Nationale, & où nos Concitoyens honnêtes & patriotes, voya-
geant dans l'intérieur de la République, craignoient de
compromettre leur sûreté, & de ressentir les effets d'une
prévention funeste, en se déclarant habitants de cette
Commune.

Mais le plus léger examen a suffi pour relever sa
gloire,

gloire, & pour buriner fur vos fronts l'ineffaçable em-
preinte du mépris que vous infpirez. Vous avez dit que
les Prêtres y apprenoient l'exercice ; que les Ariftocrates
y cherchoient un afyle !.... Quant à la premiere de ces
allégations, vous - mêmes en faviez la fauffeté ; quant à
la fecondè, il ne feroit pas difficile de citer ceux d'entre
vous qui protégeoient les ariftocrates ; mais pour éviter
une récrimination à laquelle il feroit honteux de s'abaif-
fer, difons feulement que lorfque les Loix donnoient à
chaque individu le droit de fe choifir un domicile là
où il le jugeoit convenable , des Français ont pu venir
à Rouen chercher une tranquillité que les Loix leur affu-
roient, par - tout où les Magiftrats du peuple avoient
affez de fageffe & d'énergie pour les faire régner , malgré les menées fourdes de l'ariftocratie, & l'exagération
d'un faux patriotifme. Des Loix plus feveres font - elles
venues enfuite circonfcrire le territoire que chacun devoit
occuper ? elles ont été auffi-tôt exécutées, & les vrais
Magiftrats n'ont eu recours ni au dol ni au menfonge, pour
remplir leurs devoirs : ils n'ont point tiffu malicieufement
d'infames filets pour fe populariser, en courant, dans une
battue prétendue patriotique , à la chaffe aux hommes.
   Enfin , vous avez dit que Rouen étoit fédéralifte, mais
vous n'en avez jamais donné aucune preuve , & vous n'avez
fabriqué ce groffier menfonge, que pour y trouver un
nouveau prétexte de multiplier vos victimes.
   De tout ce qui précéde, il réfulte, Citoyens, & quel
eft celui de vous qui n'en ait pas acquis la conviction
intime, que cette efpece d'intrigants & de patriotes
exclufifs qu'on appelle des meneurs, ne font pas moins
dangereux que les ariftocrates & les contre-révolutionnaires.

E

Ils en ont toute la malveillance & tous les vices ; ils en
font les premiers valets. S'ils fe bourfoufflent de patriotifme ; s'ils paroiffent des géants en révolution ; s'ils s'a-
gitent dans les Sociétés populaires, dans les Sections ,
dans tous lieux propres à leurs jongleries & à leurs pa-
rades, c'eft pour fixer les regards du peuple , l'égarer
& l'étourdir par le preftige d'une réputation ufurpée, &
le rendre dupe de leurs intrigues. Semblables à cet ani-
mal fabuleux , dont le regard donnoit la mort , ils tuent
par leur préfence , la moralité du peuple qui les écoute,
& corrompent , par leur vénéneufe. influence , la pureté
de fes intentions.

Les meneurs font toujours des ignorants ou des am-
bitieux : s'ils ont quelquefois l'énergie & l'habilité du
crime , ils font durs , irafcibles , dominateurs , doués
d'une profonde duplicité , jurant haine & vengeance à
tout ce qui les contrarie , & donnent quelquefois la
mort avec le coloris & le fourire de l'amitié.

Vous les voyez d'abord capter la bienveillance du peuple par l'adulation & la flagornerie ; bientôt ils lui par-
lent en maîtres ; ils le compriment par la terreur , le
dégradent & l'afferviffent fous un joug de fer , & c'eft
toujours au nom de la Liberté & du bien public qu'ils
lui font ces outrages.

Telle a été la conduite de ce Tyran qui a voulu af-
faffiner la Liberté , & faire boire le fang des Français à
toutes ces bêtes féroces , lâchées par lui fur le territoire de la République, pour la dévafter & en dévorer
les habitants.

Telle a été auffi la conduite de ces meneurs , enfants
de la tyrannie & de la perfécution, qui ont porté dans

nos murs la crainte de la fervitude & de la mort.

Quel eft celui qui n'ait pas craint pour fa liberté, qui n'ait pas verfé des larmes fur le fort de fes parents, de fes amis, de fa femme & de fes enfants ? qui, fe levant le matin au fein de fa famille, dont il recevoit les careffes, pouvoit fe flatter de n'en être pas arraché pendant le jour, d'une maniere violente, & plongé le foir dans des cachots ?

Vous peindrai-je l'ami fe méfiant de fon ami, évitant fon regard & fa rencontre ; les familles ifolées comme les individus, & n'ofant plus communiquer entr'elles, tant le crime étoit triomphant, & la morale publique dépravée ? Non, je dérobe à vos yeux cet affreux tableau, il rappelle des jours de défolation & de deuil !.... Mais quels étoient les agents de tant d'atrocités ? Les meneurs....... Ces hommes dorés de patriotifme, qui ne vous parloient que de par & pour le peuple, & auxquels vous auriez peut-être confié exclufivement le falut de l'état. Ces hommes, difons-le, Citoyens, puifque le jour de la vérité eft venu, & que les fautes du paffé doivent nous inftruire pour l'avenir. Oui, ces hommes, pardonnez-moi cette expreffion triviale, ont conduit leurs Concitoyens, tantôt comme un maître fevere conduit à la baguette & à la férule les enfants craintifs foumis à fa correction; tantôt comme des émiffaires chargés de recruter pour les prifons & le tribunal de fang qui exiftoit alors.

Que chacun de vous fe rappelle ce qu'il a vu, ce qu'il a entendu, ce qu'il a penfé, en frémiffant dans le fecret de fon ame, & qu'il juge fi ce rapprochement de faits & de conjectures eft exagéré. Si le Tyran, renverfé le 9 Thermidor, eft parvenu, par fa fallacieufe popularité, à gouverner feul la République, vous ne ferez pas étonnés que quelques meneurs, ufant des mêmes moyens, foient parvenus à tromper & gouverner feuls une grande Commune.

Citoyens, les meneurs ne fe corrigent jamais fi un mouvement révolutionnaire, ou plutôt de juftice, les déplace & les remet dans la maffe du peuple; ils remuent, ils cabalent, ils fe défolent & fe lamentent fur les prétendus dangers que court l'état. A les entendre, l'ariftocrate triomphe; la contre-révolution s'acheve; l'efprit public eft anéanti; la Convention tyrannife le peuple, & fe faifant à leur mode un patriotifme & un efprit public, ils foufflent la difcorde, difféminent la méfiance, exafperent le peuple, provoquent des féditions; & comme l'anarchie les a mis en crédit, & que c'eft par l'anarchie feule qu'ils peuvent avoir quelqu'influence, ils font leur poffible pour la provoquer.

N'efpérez pas les convaincre par le langage de la raifon & l'autorité des Loix. Ils font prefque toujours affurés de vaincre par leur impudeur & leur immoralité. L'homme honnête & paifible, l'ami de l'ordre & de la décence, ne voulant pas compromettre fa vertu ni luter ouvertement avec la fcélérateffe, n'ofe fe montrer, & laiffe un cours libre à leurs débordements. Leur contagieufe activité porte par-tout le défordre; elle a des ramifications imperceptibles; & un mal qui n'étoit que local, fe communique bientôt à toute la République. Ainfi les meneurs font parvenus à bouleverfer leurs Communes, leurs Diftricts, leurs Départements, & à couvrir la France d'un deuil univerfel. Mais enfin le moment arrive où le Peuple, las de sa patience & de sa crédulité, arrache le masque à ces hypocrites, met à nud leur turpitude, & les accable d'un opprobre & d'un mépris ineffaçables. Il est venu ce moment, ils ont paru ces hommes courageux, qui, las de la tyrannie & du carnage, veulent faire régner la raison, la justice & les Loix. La force remplace la foiblesse, la sécurité succede à la crainte, le vice se cache devant la vertu, le remord tourmente les méchants, & l'air infecté long-temps par le souffle des brigands, se purifie; le ciel de la liberté s'embellit, & promet à l'homme de bien une température heureuse; & les bons Citoyens sortant de l'état de nullité où ils étoient réduits, vont travailler pour affermir le Gouvernement & le bonheur de leur Patrie.

C'est à la Convention que nous devons cet heureux changement, & c'est au digne Représentant qu'elle a envoyé dans nos murs, que nous en avons l'obligation immédiate (1).

Citoyens, ralliez vous autour de la Convention; tous les malheurs passés n'ont eu d'autre cause que les factions qui ont voulu vous en séparer; ne souffrez plus que quelques intrigants agitent la masse de vingt-cinq millions d'hommes, & retardent plus long-temps le cours d'une révolution d'où dépend peut-être le destin du monde.

Et toi, sage Représentant, Républicain integre, reportes à la Convention l'hommage de notre reconnoissance publique; dis-lui que dans une grande Commune, dans un Département industrieux & fertile, tu as vu un Peuple immense, faisant des vœux pour la **Convention**

---

(1) *Sautereau* envoyé en mission dans les Départements de la Seine Inférieure & de la Somme.

& pour la Liberté, que, délivré par toi de ſes oppreſ-
ſeurs, ce Peuple bon, patriote, juſte, trop long-temps
calomnié, poſſéde toutes les vertus civiques, qu'il unit
la ſageſſe au courage, & qu'invariable dans ſes principes, il veut vivre & mourir pour la Liberté.

LE CONSEIL GÉNÉRAL, délibérant ſur le Mémoire
Apologétique de la conduite civique tenue par les Citoyens de la Commune de Rouen depuis 1789, approuve
ledit Mémoire Apologétique; ordonne qu'il ſera impri-
mé & affiché aux frais du Conſeil général; qu'il ſera
préſenté, pendant le cours d'une Décade, à la ſignature
individuelle des Citoyens, dans le lieu qui ſera indiqué
par nouvelle affiche, & enſuite envoyé à la Convention
Nationale, à ſes divers Comités, au Repréſentant du
Peuple *Sautereau*, envoyé en miſſion dans les Départements de la Seine Inférieure & de la Somme; aux Membres de la députation de la Seine Inférieure; aux Députés qui ont été chargés de miſſions dans ce Département; à tous les Départements de la République; à toutes les Autorités conſtituées, & Municipalités Chefs-
lieux de canton du Département de la Seine Inferieure;
Comme une preuve que les Citoyens de la Commune
de Rouen n'ont ceſſé depuis 1789 de montrer un attachement conſtant à la révolution & à la cauſe de la liberté.

Signés, LEBOUCHER, *Maire*, & HAVARD,
Secrétaire-Greffier, *avec paraphes.*

Suivent les ſignatures individuelles des Citoyens de Rouen.

A ROUEN. De l'Imprimerie de P. SEYER & BEHOURT,
Imp. de la Municipalité, rue du Petit-Puits.

www.ingramcontent.com/pod-product-compliance
Lightning Source LLC
Chambersburg PA
CBHW070715050426
42451CB00008B/660